人生很长，你慢慢走

懿婵 著

天津出版传媒集团
天津科学技术出版社

图书在版编目（CIP）数据

人生很长，你慢慢走 / 懿婵著. -- 天津：天津科学技术出版社，2024.6

ISBN 978-7-5742-1996-0

Ⅰ. ①人… Ⅱ. ①懿… Ⅲ. ①家庭教育 Ⅳ. ①G78

中国国家版本馆 CIP 数据核字 (2024) 第 077868 号

人生很长，你慢慢走

RENSHENG HENCHANG，NI MANMAN ZOU

责任编辑：张　婧

责任印制：兰　毅

出　　版：天津出版传媒集团
天津科学技术出版社

地　　址：天津市西康路35号

邮政编码：300051

电　　话：（022）23332400（编辑部）

网　　址：www.tjkjcbs.com.cn

发　　行：新华书店经销

印　　刷：运河（唐山）印务有限公司

开本 880x1230　1/32　印张 6.5　字数 50 000

2024 年 6 月第 1 版第 1 次印刷

定价：49.80 元

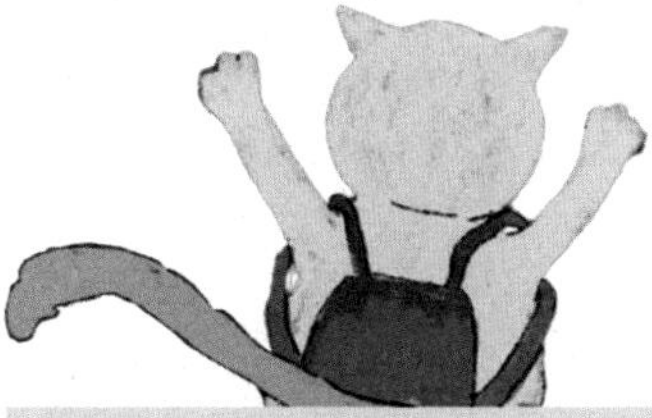

谨以此书献给我们的孩子

给乐宝的一封信

亲爱的宝贝：

你知道吗？你的到来，让我成为这个世界上最幸福快乐的人，也让我体验到爱与被爱。

我想告诉你，对于我来说，你是独一无二的，这完全是因为你是你自己。你具备独特的天赋，你是一个勇敢、努力、聪明、有趣、坚强、谦逊、果敢和耐心的人。你待人友善，富有同情心。你总是保持乐观积极的态度，懂得感恩和尊重他人，对世界怀有无限的好奇心。

我还想告诉你一个“秘密”，其实只要你愿意，你可以做到一切你想做到的事，可以成为任何你想成为的人，你长大后可以是企业家、外交官、运动员、工程师、艺术家、发明家、科学家、律师、大学教授…… 所以，你的未来充满无限的可能和希望。

而我也可以成为我想成为的人，做到一切我想做到的事情。即便我现在已经39岁了，但从未觉得这时开始太晚了。从我知道这个“秘密”之后，便决定为你画一部绘本，尽管每天繁忙的工作占据了我大部分时间，但我把琐碎的时间都花在了这件事上，画绘本并未让我感到很疲惫，反而使我觉得每一天走过的日子，都因为画绘本这件事而变得快乐且更有意义。

在此之前，我自认为无法做到这件事情，甚至觉得只有那些很厉害的画家才能画绘本。知道了这个“秘密”之后，我便不再限制自己，因为一切都皆有可能。

绘本完成之后，我才发现这件事情原来这么简单，能每天坚持才是最难的，但我很开心我能坚持把送给你的这部绘本画完。所以，你也可以活出你人生所有的可能。

亲爱的的宝贝，人生很漫长，但又很短暂，多去思考怎样才能把这一生过得快乐而有意义。你得找到你最喜欢的那件事情，做那件事情的时候，你的心情一定是愉悦的。如果做一件事，让你感到不开心，甚至很压抑，那就放下它吧。

在未来的某一天，如果遇到一些事、一些人令你感到不开心，或者在人生的路上遇到难题时，你可以打开这本书，在这本书里或许就有你需要的答案。当然，开心快乐时也可以打开它，我想它将会给你的生活带来很多乐趣，还有爱与温暖。

2023年10月22日

爱你的妈妈

亲爱的宝贝

亲爱的宝贝

如果你此刻落后于人

不用焦虑，也不必惊慌

此刻不能代表以后

路还长

每个人都是独一无二的

找到你最喜欢做的事情

向着心中的目标努力前行

哪怕慢一些也没关系

一步一个脚印踏踏实实走下去

最终会抵达梦想的彼岸

亲爱的宝贝

如果因为我错误的做法

让你失去了很多成长的机会

请你原谅妈妈

因为妈妈也是第一次做妈妈

也请你不要因此感到自卑和迷茫

要用双手为自己创造机会

做好准备，抓住每一次机遇

成为自己命运的主人

亲爱的宝贝

如果在未来的路上

遇到挫折和困难

不要害怕，也不必担忧

沉下心来读书

学习智者们的思考方式

或者放下烦恼去旅行

看一看外面不一样的世界

去认识那些比你更有智慧的人

亲爱的宝贝

每个人的人生都不是一帆风顺

会遇见快乐

也会遇见悲伤

会遇见忠诚

也会遇见背叛

会遇见良人

也会遇见小人

会遇见诋毁

也会遇见赞扬

即便是这样

不要伤心，也不必难过

这都是人生的必经之路

无论如何，你一定要保持快乐

因为不快乐的每一天都不属于你

亲爱的宝贝

如果有人在你最困难的时候帮助了你

一定要记住帮你的那些人

在他们有困难的时候

给予他们支持和援助

心怀感恩，奇迹和幸运才会常伴

亲爱的宝贝

如果遇见不喜欢你的人

不要难过，也不必悲伤

不必让所有人都喜欢你

请珍惜那些喜欢你的人

为喜欢你的那些人快乐的生活

亲爱的宝贝

如果有一天

你看清生活的真相

不要失望，也不必沮丧

依然要对人生充满热爱与希望

目录

01

02

07

从失败中获得什么　093

08

向内寻找答案　101

亲爱的宝贝，我想告诉你，

你长大以后大概是这样的……

CHAPTER01

人生很长你慢慢走

01 独立完成很多事情

独立完成
很多事情

你需要自己做饭，为自己烹饪一些营养美味的食物。在你的人生中，你得把健康排在第一位，拥有了健康，你才能拥有一切。

手机里的菜谱

如果你不会做菜，可以打开手机里各种应用软件，搜索你喜欢的菜谱，学习教程中的烹饪方法。准备好需要的食材，根据教程中的方法，一步一步操作。

当然，刚学习烹饪，可能味道不会很好：水放少了，盐放多了，菜烧糊了……但你也可能有烹饪的天赋，无论做什么菜肴，都非常美味。

相信你能烹饪出可口的菜肴，毕竟你在 12 岁的时候就能烹饪出美味的可乐鸡翅、咖喱鸡肉饭、鲜虾炖蛋。

整理房间

你需要整理乱糟糟的房间，把地上随意散落的书本拾起来放在书桌上，或者放进书架里，把拖鞋摆在床边或鞋柜中，脏衣服放在收纳筐里，篮球放在书桌的旁边，把椅子推回原位。

几年没用过的物品

家里的每个角落都翻找一遍，你会找到一些近几年都没有使用过的物品，那些物品都已闲置很长时间，但你认为扔掉它们很可惜。除此之外，你还能找到一些已经坏掉不能使用的物品。

舍弃

把那些你舍不得扔掉，但已闲置很长时间的物品，以及那些坏掉不能用的物品全部扔掉吧。说不定当你把它们舍弃后，会感受到从未有过的轻松与开心。

当然，把那些你已经不需要但还可以使用的物品捐给贫困山区的朋友们，也是一个不错的想法。

洗衣服

把换下来的脏衣服，使用过的床单、被套洗一洗，可以手洗，也可以用洗衣机洗。保持干净，同样会让你心情愉悦。

铺床

你得自己铺床，即使这件事看上去有些难，但还是需要你自己动手把床单铺在褥子上面，把床单的每一个褶皱拉平整，把枕芯放入枕头套里，被芯放入被套中，然后折叠整齐放在床头。

整齐有序

房间被你布置得整齐有序之后，你发现待在房间里，心情开始变好，学习、工作更有动力，一切都开始慢慢向好的方向发展。

忙碌了一天回到家，目之所及的地方，都是自己喜欢的样子——我能想到你那时的心情。

更重要的是所有的好运和奇迹也会随之来到你的身边，因为，好运与奇迹都“喜欢”干净整洁的环境。

人生很长

CHAPTER02

02

接纳自己

你慢慢

走

读书的意义

你要好好读书，拼尽全力去读书。

读书虽然不是唯一的出路，但读书就是你人生的一架梯子，能让你更快地抵达更高的平台。

很多人还在通过其他方式努力向上攀爬的时候，也许你早已通过读书完成了自己的人生理想。

读书

最大限度的自由

当你到达更高的平台，你有了更多的选择，选择过你想要的生活，选择最大限度的自由。

不喜欢你的人

有时候，你会碰见一些不喜欢你的人，我知道这样的事情发生在你身上，你会感到很难过。

但我想告诉你的是，其实活在这个世界上，我们做不到让所有人都喜欢，就算是我，也无法做到。

那些喜欢你的人

孩子，你大可不必为不喜欢你的人感到心烦意乱，去和那些喜欢你的人成为朋友吧，这样的人生才有趣。

优点和缺点组成了你

有时候，你因为一件事情没做好，或是努力了很久却没达到预期的目标，感到很无力，痛恨自己为什么总是把很多事情都搞砸，责怪自己什么也做不好！

亲爱的孩子，世界上的每一个人，都有自己的缺点和优点，每一个人都不是完美的，当然也包括那些卓越而伟大的人，他们同样有优点，也有缺点；既有好的一面，也有不好的一面。

你会犯错误，也会失败，但这并不是你的错，因为缺点同优点一样，本身就是你的一部分。

接纳自己

面对你的优点和缺点。那些好的一面和不好的一面，你都需要接纳它们，学会接纳不完美的自己。

独一无二的你

儿子，于我而言，你是全世界独一无二的宝贝。在这个世界上，你是我生命中最重要的人，没有一个人与你一模一样，你具有独一无二的天赋，拥有独一无二的能力。

成为想成为的人

你生来与众不同，你可以成为任何你想成为的人：你可以成为企业家、外交官、运动员、工程师、艺术家、发明家、科学家、律师、大学教授……

那些已经发生的事儿

生活中、职场上的某件事或某个人让你心烦意乱，我能体会你的心情，我想那件事，那个人你一定很在乎。

也许你可以想象一下，如果今天就是生命的最后一天，你还会为了这件事情感到心烦意乱吗？还是在那样的情况下，你依旧会紧紧抱着那些事和人不撒手呢？

把每一天都当作生命最后一天去度过，你就不会为了很多不值一提的小事而感到烦恼了。

感到失望

孩子，有时候这个世界会让你感到失望，感到不公平。贪婪、嫉妒、诋毁、背叛、仇恨、狭隘、瘟疫、战争、侵略、屠杀会让你震惊，一切都让你觉得不可思议，你很愤怒，也很难过。

孩子，你知道吗？世界也有两面，就像你有好的一面，也有不好的一面一样。

对于世界不美好的一面，你需要接纳它，同时，你要努力去探索发现这个世界的美好。

你看世界的角度，决定了世界对你的温度。你要从多角度去看这个世界，看一件事、看一个人。

请用发现美的眼睛，聚焦那些令你感到开心和美好的人、事、物，至于那些令你难过和愤怒的人、事、物，完全可以忽略不计。

你需要做一些积极美好的事情，哪怕事情很小，也能让这个世界变得更美好。

公平

你认为公平合理是理所应当的，但在这个世界上，没有绝对的公平存在。

孩子，坚持公平并没有错。假如你因无法保证公平而感到沮丧或伤心，其实是没有必要的。

孩子，你知道吗？寻求绝对的公平就像在一堆鹅卵石中寻找一颗钻石一样，也许永远无法实现。自然界中存在各种“不公平”。鸟捕食虫子对虫子来说是不公平的；猫捕食老鼠对老鼠来说也不公平。当大自然中的飓风、海啸、地震等无情地摧毁一切时，对人类而言也是不公平的。

当然，有时你可能会听到身边的人因为遭遇不公平而抱怨自己的出身、家境、学校、工作条件等，总是对生活不满，天天埋怨……埋怨只会让更多的倒霉事围绕着他们。

孩子，不要将时间浪费在毫无意义的“公平不公平”上，当你面对不公平时，请不要感到沮丧和绝望，而是应该积极面对现实，寻找自己的机会和可能性。

男儿也可以哭

某一天，很多事情压得你透不过气，这时候，去找个没人的角落，大哭一场吧。

可能你曾经听过一句话“男儿有泪不轻弹”，这句话说不定已经深深地刻在你的潜意识里，但男子汉也会产生悲伤、难过的情绪，流泪可以释放压抑已久的坏情绪。

所以，不必担心哭泣会让你有失颜面，悲伤难过时，不妨找个没人看到的地方，尽情地大哭一场吧！

CHAPTER03

03 选择正面

人生很长你慢慢走

去健身房

有时间的话，可以去健身房，狠狠地击打沙袋，直到汗流浃背。运动是一种非常棒的解压方式。

去图书馆

去图书馆，找一些人物传记，学习书中的智者们怎样解决自己面临的问题。你会从中发现，自己遇到的困难和书中主人翁相比，原来不值一提。

亲爱的儿子，你一定要读一读这几本书：尼克·胡哲《人生不设限》，艾米·珀迪《没有双脚，所以努力奔跑》，加里·凯勒《最重要的事，只有一件》，摩西奶奶《人生只有一次，去做自己喜欢的事》，张德芬《遇见未知的自己》，露易丝·海《活出生命的所有可能》，罗伯特·舒华兹《灵魂的出生前计划》，稻盛和夫《活法》，约翰·D.洛克菲勒《洛克菲勒给孩子的38封信》，林语堂《苏东坡传》，保罗·柯艾略《牧羊少年奇幻之旅》。

无论你的人生面临着什么，相信你都能在书中找到继续前行的力量。

去旅行

你也可以放下烦恼去旅行，去看看外面的世界，听听自己内心真实的声音，这个世界其实比你想象中的更广阔。你会发现，你的人生不会没有出口，很多事情突然变得微不足道了。

认识更有智慧的人

对于已经发生的事情，你无法改变它，唯一能做的就是接纳它，认识比你更有见识的人，他们会给予你一些解决问题的建议。

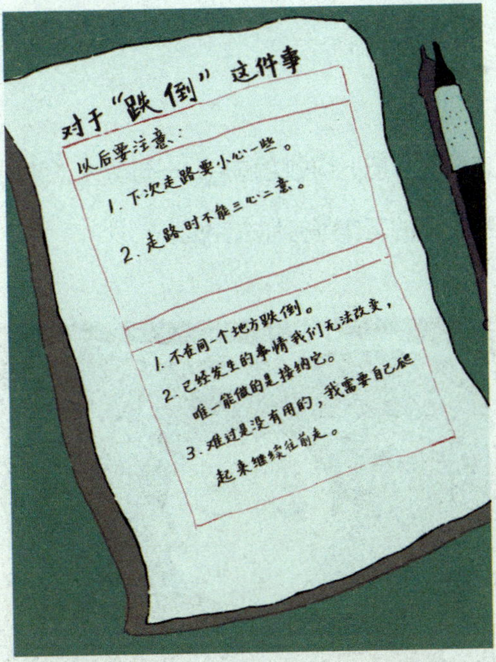

从这件事中能学到什么

既然事情已经发生了，伤心难过也解决不了任何问题，不如想一想，下次发生这样的事情，你该怎么做？

比如：对于“跌倒”这件事，你可以用一张白纸，绘制一个表格，罗列出以后要注意的地方，以及从中能学到什么。

早点睡觉

早点上床睡觉，把一切抛之脑后。一觉醒来，新的一天、新的事物、新的工作等待你去完成。

选择正面

一件令你感到不舒服的事件发生后，你的头脑中一定会出现一个负面的声音，这个声音可能让你更加难过，但你可以尝试往正面的方向去思考。

当你遇到任何事情都能往正面去思考时，说不定你会发现那些积极正能量的人、事、物都被你吸引到身边了。

人生很长你慢慢走

CHAPTER04

04

选择让你感到快乐的路

在一楼

孩子，尝试把注意力聚焦在那些真正需要做的事情上，不要在意那些令你心烦意乱的人和事，“站在一楼，你只能看到一堆臭气熏天的垃圾”。

站高一些

尝试站高一些，俯瞰大地，你会看到不一样的世界。

当你对生活失望时

生活总是这样，不会处处让人满意，人活一生，值得爱的东西还很多，孩子，不要因为一些不如意就灰心哦！

你要快乐

无论如何，你都要保持快乐，即使遇到一些令你不开心的事情，你也可以选择快乐面对。因为事件是客观存在的，客观事件不受你控制，但心是自己的，你可以决定自己的心情。

你应该为实现了自己的一个小目标感到快乐，或者为收到朋友送来的礼物感到快乐……总之，你要快乐！

路口

未来的某一天，你站在人生的路口，无数条路出现在眼前，我知道，你此刻感到很迷茫，不知道该选择哪一条路继续往前走。

听从内心

那就静下心来，听听自己内心真正需要的是什么？

选择让你感到快乐的路

我想你一定会听从自己的内心，选择最喜欢的一条路，无论这条路有多远。为此你付出了许多时间和精力，但也不会使你感到疲惫，反而你的心情变得更加愉悦，每一天都过得快乐而有趣。

坚持运动

孩子，每天至少用一个小时的时间来运动吧。当然，如果你能从忙碌的工作或学习中挤出两个小时那是最好的。你可以选择去家附近的公园晨跑，在凉爽的清晨感受朝阳，抑或是在闲暇的周末，约上三五好友去登山，与他们一起看日落。

在运动的过程中，你的大脑会分泌一种叫内啡肽的化学物质，这种物质可以使你的身心处于轻松愉悦的状态中，你会感觉压力减轻了，烦恼也去无踪影。

运动的好处还有很多哟！它能帮你增强你的体力与耐力，提高你的免疫力，这样身体才会更健康。

运动之后，你的血液循环会加快，让你的大脑高效运转。所以，运动之后你会感觉思路更清晰，工作更有效率，记性也变得更好。

所以你要坚持运动哦！

一天中最美好的时刻

幸运的是，在运动的过程中，你遇见了一天中最美好的时光。那些令你难过的事情，过去令你感到痛心的事情，都在运动中随风逝去，所有的不顺心都烟消云散。

CHAPTER05

人生很长

05 做决定时

你慢慢走

对自己负责

你需要对你的身体健康、衣食住行、情绪管理、财务管理、职业规划负责，对你自己的一切负责。

做决定时

一天，一个很久没有联系过你的朋友突然联系你，邀请你去参加他们的聚会，你在去与不去之间犹豫不决，不知道该怎么选择，为此你感到困惑。

儿子，你知道吗？我也曾无数次遇到这样的困惑，面对不喜欢且毫无意义的聚会进退两难。

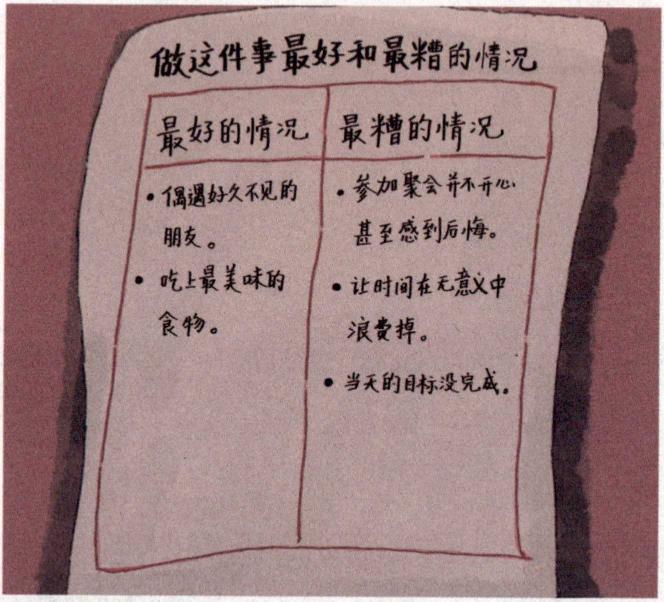

能否接受最糟的情况

此时，你应该先去找一张白纸，然后绘制一个表格，列出去参加聚会最好和最糟的情况，如果你能接受最糟的情况，就去参加吧。

当然，这样的方法不仅仅只能用在聚会这件小事上，当你需要做出一些重要的决定时，譬如可以是下定决心搬家、择业，也可以是选择合作伙伴创业，又或是结束一段感情。当你面临选择时，都可以这样去做。

敢于质疑

此时，你正在参加一个很重要的会议，你对权威专家们提出的观点并不赞同，但因为他们是某一个领域的专家，所以，你不敢质疑他们的观点，不敢在他们面前提出你认为可能更好的见解。

亲爱的儿子，我能想象你此时的心情，其实你完全不必在乎谁是专家，你应该大胆勇敢地提出你的看法。

如果你有些紧张，那就在心里默念三句话：“他就是一个人！他就是一个人！他和我一样就是一个人！”。你会惊喜地发现，这三句话就如同魔咒一般，念完以后，紧张的情绪立刻消失了。

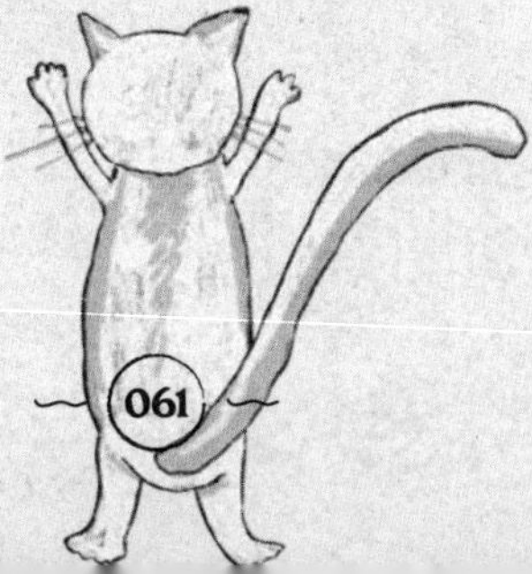

他们的观点是否合理？
或者有更好的方法？

勇敢地表达自己的观点

即使有 1 000 个人和你观点不一样，也要勇敢地把自己的观点表达出来，不必为了迎合他人，而改变自己独特的想法。

毕达哥拉斯的质疑

你看，多亏了前有毕达哥拉斯的质疑，后有航海家麦哲伦用实际行动证明，才证实地球确实是球形的，才打破了数千年的固有认知。

不能仅仅只相信一条信息

媒体上的信息五花八门，有时候并不可尽信。所以不要轻易相信媒体信息，除非你能够从多方面了解并论证信息的真实准确性。

如果我在你身旁，我会告诉你："新闻也可能会传播错误信息，教科书中也可能包含错别字！无论是什么信息，都需要从多个角度去了解其全貌，这非常重要。"

对自己有用的建议

在生活中、职场上遇到问题的时候，可能有很多关心你的人，给你提出一些解决问题的建议。你不知道哪一个建议才能真正帮助你解决当下的问题。

这时你不必担心，对于别人提出的建议，以礼貌和尊重的态度去倾听就好，但你需要学会分辨哪些建议更适合自己，对你有用的就吸取，没有用的可以忽略，是的！你没听错，就这么简单。

选择朋友

人生的某一个阶段，你遇到了一位好朋友，你们无话不谈，你告诉他所有关于你的秘密，你们一起吃饭，一起描绘未来，一起聊晋升的话题……

但是有一天，你突然发现周围的人都知道了你的秘密，而你的这位朋友悄无声息地升职加薪了。

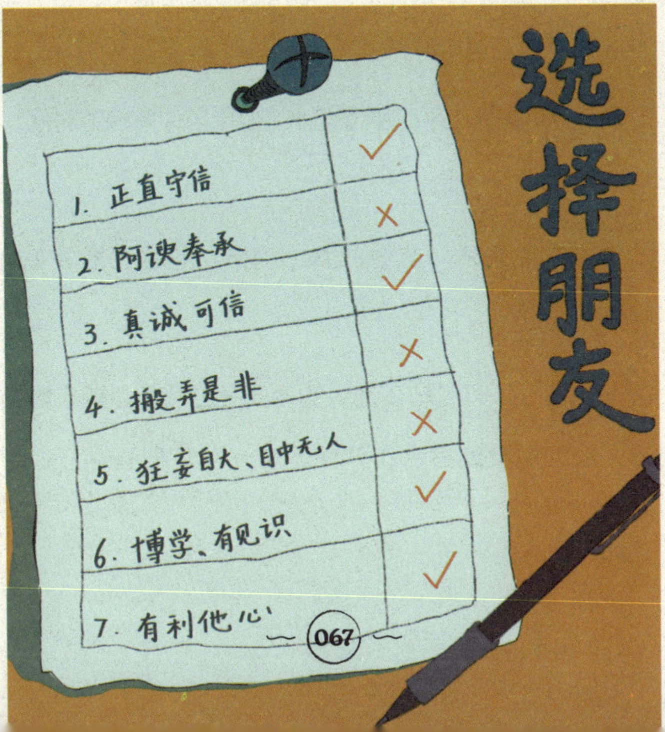

有一天，你们迎面偶遇，你高兴地走过去和他打招呼，他却一改往日的面孔，高高在上地看着你，冷冷地对你说："今天有约了。"然后转身走了。

你远远地看见他卑躬屈膝，点头哈腰地奉承朝他迎面走来的领导。

你感到很愤怒，也很难过，我能想象到你那时的心情，人的一生中，遇到几个这样的朋友也不是坏事，至少他们让你明白怎样的朋友才值得深交。

孩子，你知道吗，那些值得你深交的朋友身上一定有这四种特质：

1. 正直守信，言出必行。

2. 真诚、可信赖，平时平淡如水，但是当你落魄的时候，他会默默拉你一把。

3. 博学、有见识，与这样的人交朋友，你也会慢慢变成同样优秀的人。

4. 有利他心，时时站在他人的角度考虑问题，能与这样的人成为朋友或者合作伙伴，是一件非常值得开心的事情。

记住在困难时拉了你一把的朋友

你遇到了一些棘手的问题，当你束手无策、求助无门的时候，一个朋友拉了你一把，因此你的那些棘手的问题很快就解决了，你很开心，也很感激，你想请那位朋友吃饭，但又觉得这样的恩情一顿饭不足以表达你的感谢。

孩子，如果你真的不知道该怎么感谢他，那就用心给他写一封感谢信，亲自交到他手上，然后把这个恩情牢牢记在心里吧！

施以援手

在他遇到棘手的问题时，你也施以援手拉他一把。

人生很长

CHAPTER06

06

终极目标

你慢慢

走

一份不喜欢的工作

不出预料的话，刚开始你会遇到一份不太喜欢的工作，这份工作也许会让你焦头烂额，很多时候工作都在不愉快的状态下完成。

这份工作会让你看到职场中令人厌烦的一面，但同时它也让你明确了未来努力的方向，鼓励你加倍努力地去追求更好的工作。很多人狭隘地认为工作只是为了养活自己，现实生活中基本不可能做到把工作与自己喜欢的事情混为一谈，大部分人只有休息的时间才可以做自己真正想做并且喜爱的事情。

但事实上，工作不仅仅是为了赚钱，它还决定了你的生活质量。找一份工作，这份工作最好也是你喜欢做的事情，这样你既能做自己喜欢的事情，也能得到一定的报酬。

当你有了一定的收入，才能去追求自己的目标，实现自己的理想。

拥有一个大梦想

如果你有梦想，就大胆努力地去追寻并为之脚踏实地地奋斗吧！即便这个梦想没有完全实现，也能丰富你的人生。

寻找自己的天赋

尝试去做一些事情，当你发现有些事情在别人看来比登天还难，你却能轻而易举就做到，并且这个过程让你感到很愉快，甚至忘记了时间，每一天你都愿意乐此不疲地沉浸其中。

那么，恭喜你！你已经找到了自己的天赋。

设定目标

找到自己喜欢的那件事以后，你需要为自己设定目标。

你可能会问:“怎样才能设定出行之有效的人生目标呢？”我并不知道我设定目标的方法是否适合你，但它确实在我创作绘本的过程中发挥了很大的作用。

不管是在创作第一本身心灵小说《谢谢你，出现在我的生命里》，个人成长绘本《遇见你以后》还是在创作这部绘本《人生很长，你慢慢走》的过程中，都是按照提前设定好的目标一步一步实现的。

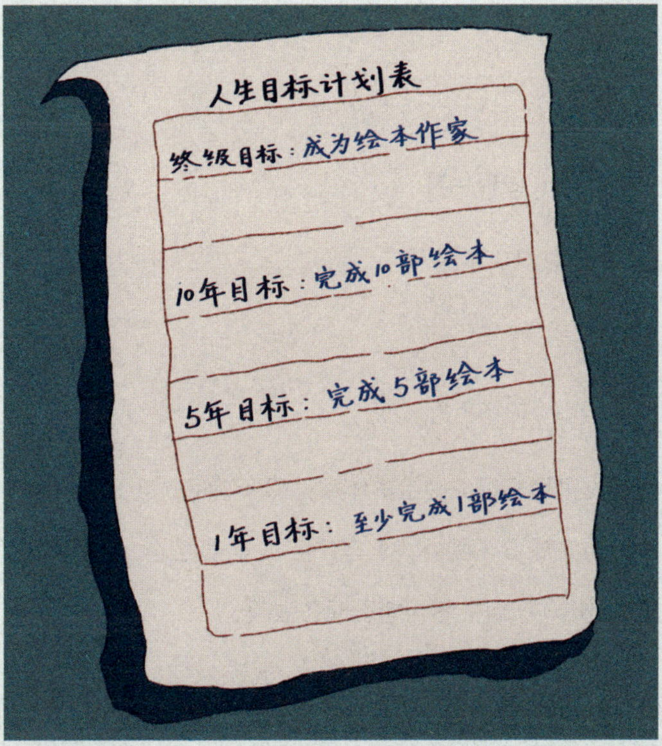

终极目标

比如，当我决定画这部绘本之后，我就开始为此设定目标计划。我在一张白纸上，绘制出表格，当然要准备质量好一些的纸，毕竟它会陪伴你很长一段时间，表格最上方写“人生目标计划表”。

第一行写：终极目标

第二行写：10 年目标

第三行写：5 年目标

第四行写：1 年目标

我的终极目标是成为绘本作家，10 年内完成 10 部绘本，5 年内完成 5 部绘本，1 年内完成 1 部绘本，这张表格将我的 10 年目标清晰地呈现在眼前。

但要注意你在设定目标时，需要考虑是否合理。比如，我的 1 年目标如果是设定完成 5 部绘本，可以想象的是，这样的目标计划，不管我怎么努力都是无法实现的。所以，一定要合理地设定你的目标。

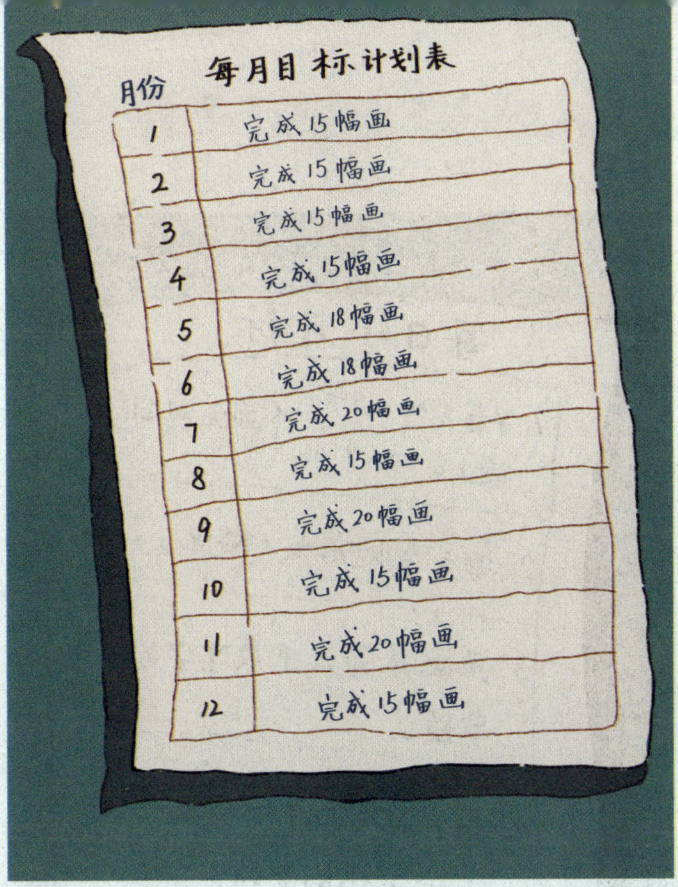

每月目标

第二张白纸上，绘制一个十二行的表格，表格最上方写“每月目标计划表”，在表格左边的每一行中标识出月份，然后把每一个月设定的目标计划写在对应的表格中。

通过上述的表格，你可以清楚地看到，自己每一个月需要完成的插画数量。

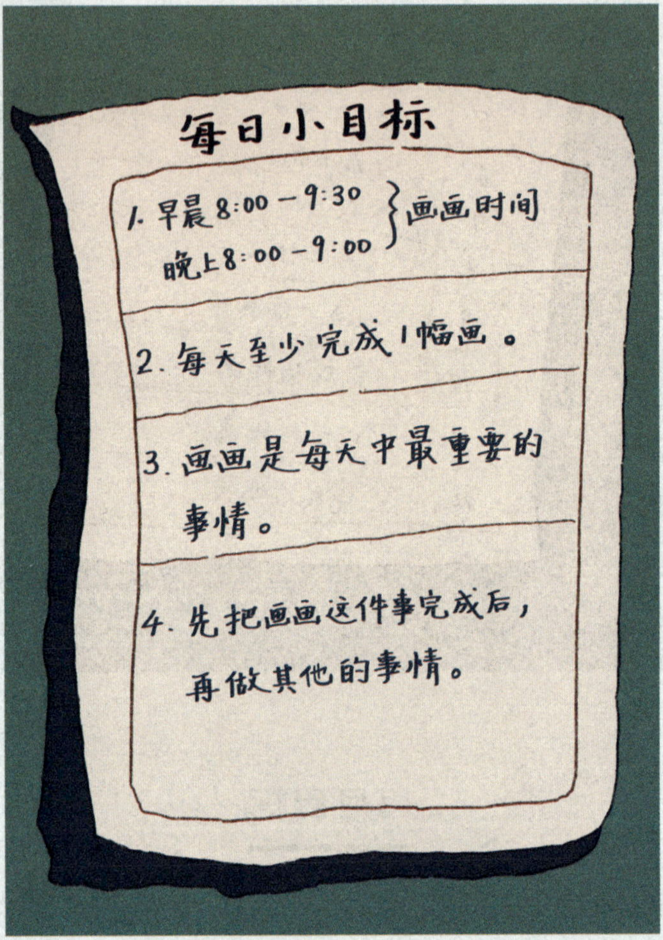

每日目标

在第三张白纸上绘制一个四行的表格，表头写标题“每日小目标”。

第一行表格里填入的是我每天画画的时间。不管有多忙，我每天至少会抽出两个半小时，用来画画。

第二行表格是计划每天完成的作品数量。

第三行和第四行表格写重要的提示，我的提示是这样写的：画画是每天中最重要的事情，先把画画这件事情完成后，再做其他的事情。

毫不夸张，就是这三张表格，让我用 9 个月完成了这部绘本，用 12 个月完成了身心灵成长小说《谢谢你，出现在我的生命里》，用 8 个月完成了个人成长绘本《遇见你以后》的创作。

当然，如果你觉得我的方法并不适合你，你也可按照你的想法，设定更行之有效的目标计划，只要目标计划能帮助你完成终极目标就好。

树立目标以后，你会感觉到你的人生不再迷茫，你知道了你人生的方向，平淡的日子开始有光芒，你的生活也从此充满愉悦和幸福。

一步一个脚印往前走

当然，你得每天都按照表格里设定好的目标计划行动起来，如果不去行动，那你设定的这些目标将变成几张废纸，对你的人生发挥不了任何作用。设定好目标之后，一步一个脚印往前走，专注、行动和坚持才能让你更好地完成它。

关于别人的评论

你找了很久，终于找到自己喜欢做的事情，你感到很开心，与此同时，你还听到了一些嘲笑声，你开始犹豫，开始怀疑自己的能力，怀疑自己能否做好它。

自信很有力量

我想告诉你：“自信是很有力量的。”

在我决定为你画这部绘本的时候，周围也有很多嘲笑的声音，他们不相信作为小学老师的我能够完成它，我也因此怀疑过自己，但最终我做到了。

是的！你猜对了，那是因为我相信自己，当我相信自己的时候，别人不相信我那是别人的事。

当然，如果在我周围有 1 000 个人，都用怀疑的目光看我，用不信任的声音嘲笑我，都没有关系，只要我自己相信自己就好。

所以，当你再次听到那些嘲笑声的时候，我能想到，你也会像我一样对自己说：“那些都是别人的事，我相信自己就好！”

我相信
我能做到！

给要做的事情排队

如果你觉得工作、生活中的各种事情压得你喘不过气来，一些琐碎的事情让你忙得不可开交，那就把每一件事情都写下来，给它们排个先后顺序吧！最重要的事情排第一位，拿我来说，每天最重要的事情是画绘本插画，那这件事将被我排在每天必做事情的第一位。当然，照顾好自己与绘本插画一样重要。

次要的事情排第二位，比如，第二天上课时需要的手工示范作品、上报的材料等。这件事，我会安排在当天的绘本插画完成之后。

不着急做的事情，我会将它排到第三位，比如，洗衣服、打扫房间、整理衣柜等。

停止做最讨厌的事情

把你要做的事情列一份清单，同时也列出几件最讨厌的事情，以后都别做了。

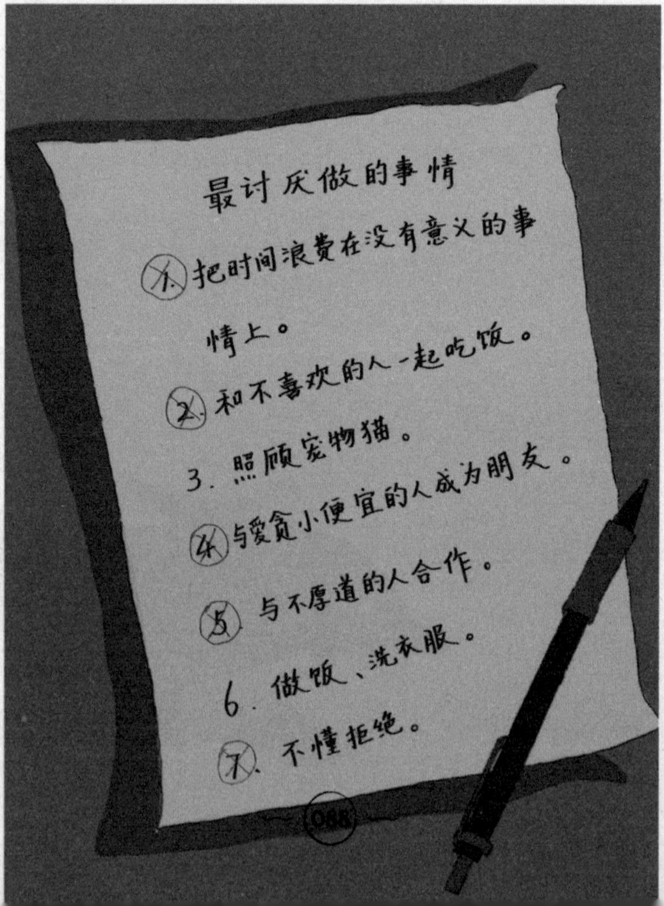

躺在草坪里仰望天空

工作累了，你可以选择去一个长满青草的地方。

躺在草坪里，看天空的云朵缓缓移动的样子，相信自己眼前的问题总会解决，所有的不顺心都会烟消云散。

友善地对待每一个人

友善地对待每一个人，尊重每一个人，不论有些人的皮肤是黑色的，眼睛是蓝色的，还是头发是金黄色的，他们都有可能会成为你的合作伙伴或者朋友。

合作

孩子，你知道吗？无论是创业还是做喜欢的事情，一个人的力量永远没有一个团队的力量大。

CHAPTER07

人生很长

07 从失败中获得什么

你慢慢走

保持好奇心

有时候，你会好奇一群小蚂蚁，为何能有那么强的团队精神与合作能力，它们的首领是怎么做到让每一只蚂蚁团结协作，克服困难的。

你也会好奇，是什么给蝉那么大的勇气，在土壤中能静静待上几年甚至几十年之久？为什么它破土而出后却只有 15 天的寿命？

可能路过的人会笑话你，一群小蚂蚁和一群蝉有什么好看的，都这么大人了，还想这样幼稚的事情。

孩子，我想告诉你的是，无论别人怎么想、怎么说，也无论你处在哪个年龄段，都要保护好你的好奇心。

牛顿也有好奇心

你看，苹果砸在牛顿的头上，因为他好奇苹果为什么只往下落，而不是往上飞，启迪科学灵感，最后才有了“万有引力”的定律。

我想，当时牛顿也曾被人嘲笑过，苹果砸在头上了，还好奇苹果为什么往下落？这人肯定被苹果砸傻了。

关于失败

假如一件事，你花了很多时间和精力，本以为这次志在必得，但遗憾的是偏偏又失败了。

面对失败，你失望，你难过，你不停地问自己，为什么一次又一次的失败，你开始不相信自己，认为自己根本没能力做成一件事。

失败为成功铺路

孩子，你知道吗？无数次的失败，才能铺就抵达成功的那条路。不管你失败了多少次，大可不必感到失望。

爱迪生失败的次数比你多

爱迪生失败了无数次，也没有想过放弃，才发明出电灯。

幸运的话，你并不需要像爱迪生那样失败那么多次。

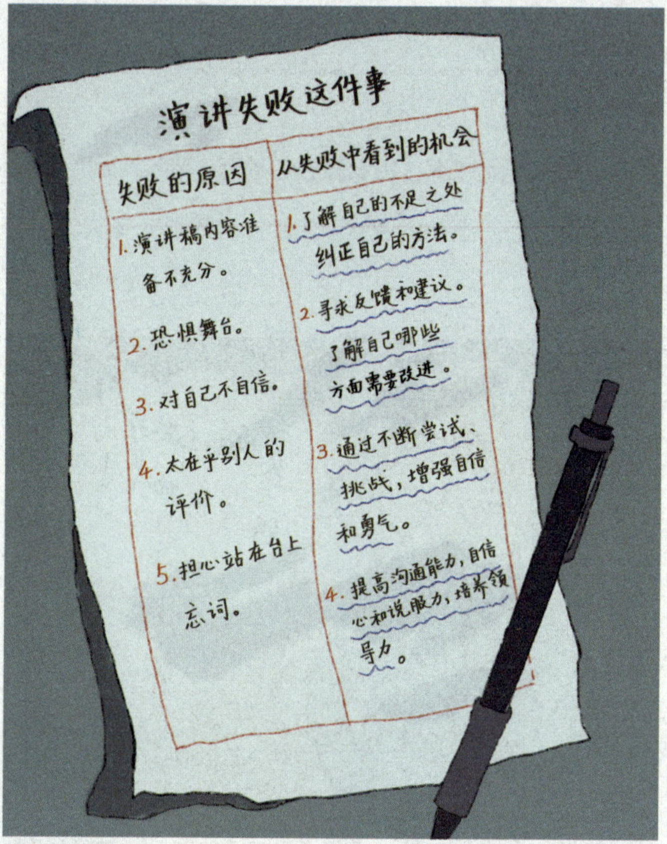

从失败中能获得什么？

去安静的地方，分析一下这次失败的原因，用一张质量好的白纸，绘制一个表格，左边一列写失败的原因，右边一列写失败中看到什么机会。

CHAPTER08

人生很长

08

向内寻找答案

你慢慢

走

感恩

当你获得了某些美好的事物时，那就对那件事物本身以及所有和它相关的人表示感谢吧！对生活心存感恩，美好的事物就会来得越快，你的收获也会越多。

孩子，不要为那些失去的事物感到不快乐，感恩你拥有的美好事物吧！这样就不会因为偶尔错失机会而抱怨不休，你会感谢命运还为你预留更多机会。

你的大脑总喜欢活在过去

有时候，你情不自禁地回想起过去发生的那些令你难堪或不愉快的事情，它们时不时出来扰乱你的心情，你感到很难过。

错误的记忆

其实，那些令你感到愤怒的记忆，都是错误的记忆，你得往前看，毕竟过去发生的事情已经发生了，无法改变。

向内寻找答案

这时，你只需要问自己两个问题：

1. 我的内心发生了什么，让我这样难过？

2. 怎么做才让我的内心愉快起来？

当然，这两个问题也是治愈心灵的解药，对一切让你感到不快乐的事情都有作用。

专注当下

与其回想那些错误的记忆，不如专注当下美好的事物吧！看看猫咪蓝色的眼睛，阳台绿植叶子上清晰的脉络，窗外的大榕树上传来的动听鸟鸣声，那些才是真实的。

或者想一想今天还有哪些小目标没有完成，此刻就去完成它吧！

超越自己

如果你没办法跑得最快，那么你只需要超越昨天的自己，

今天比昨天跑得快一点点就好。

提高自己的认知

你看到的世界比蚂蚁看到的世界更完整，蚂蚁看到一个高高的台阶，它并不知道上完这一级台阶之后，它又将去往什么地方？而你看到的是一只蚂蚁准备爬上那块写有“认知”两个字的圆形铁牌上。所以，你的认知层次比蚂蚁的认知层次要高。

孩子，每个人的认知高度都是不一样的。认知的层次，决定了你看世界的高度。认知的高度，决定了你人生的高度。

周恩来总理在少年时代立下了宏伟的志向：“为中华之崛起而读书。”而也许一个从没有读过书的放羊娃的愿望仅仅是：“希望能有更多的羊可以放。”

你需要不断提升自己的认知高度和认知层次，看书就是一个好方法。

认知
台阶的尽头
是哪儿？

假如有一天你实现了梦想

某一天，你达成目标，实现了梦想，你很开心，我能想到你那时的心情，我也为你感到开心。

孩子你要记住，即使达成自己的目标，也不要高傲自大，保持谦虚。

人生很长你慢慢走

CHAPTER09

09

做一个靠谱的人

穷得叮当响很没意思

穷得连一件像样的衣服都买不起，真的很没意思，所以你一定要努力赚钱。

有房子住

至少有房子可以住，即便不是很大的房子。

这样的话，我就不用担心你在下雨天的时候会被雨淋，

也不用担心你在寒冷的冬季里，被冻得瑟瑟发抖了。

有饭吃

起码有饭可以吃，即便每顿饭都是家常便饭。这样的话，我就不用担心你挨饿了。

孩子，其实有房子可以住，有饭可以吃，还有一份喜欢的工作就是一种成功。

清白的赚钱记录

努力赚钱没有错，但要有合法的赚钱记录。

钱是一种工具

钱只是一种工具，是一种用来实现你目标和愿望的工具，不能让它成为你的主人。

孩子，你知道吗？那些把钱当作主人，成为金钱奴隶的人，要么被关进牢房，要么失去了自由和幸福。

节俭

买一件物品时，你需要问自己两个问题：在日常生活中，这件物品会经常使用吗？还是只有某种特定的场合才能用得上？

如果你的答案是“可能，或许什么时候可以用一下”，那这件物品你可以放弃购买了。因为大概率这个东西你是用不上的。

孩子，你知道吗？很多卓越且富有的人，他们都有节俭的好习惯。

正是因为他们拥有勤俭节约的良好品德，才能专注于工作，成就非凡人生。

所以节俭也能让你变得“富有”，把不必要花的钱省下来，去买你真正想要的东西。

理财清单

如果你获得 1 000 元，需要将这 1 000 元分成四份。

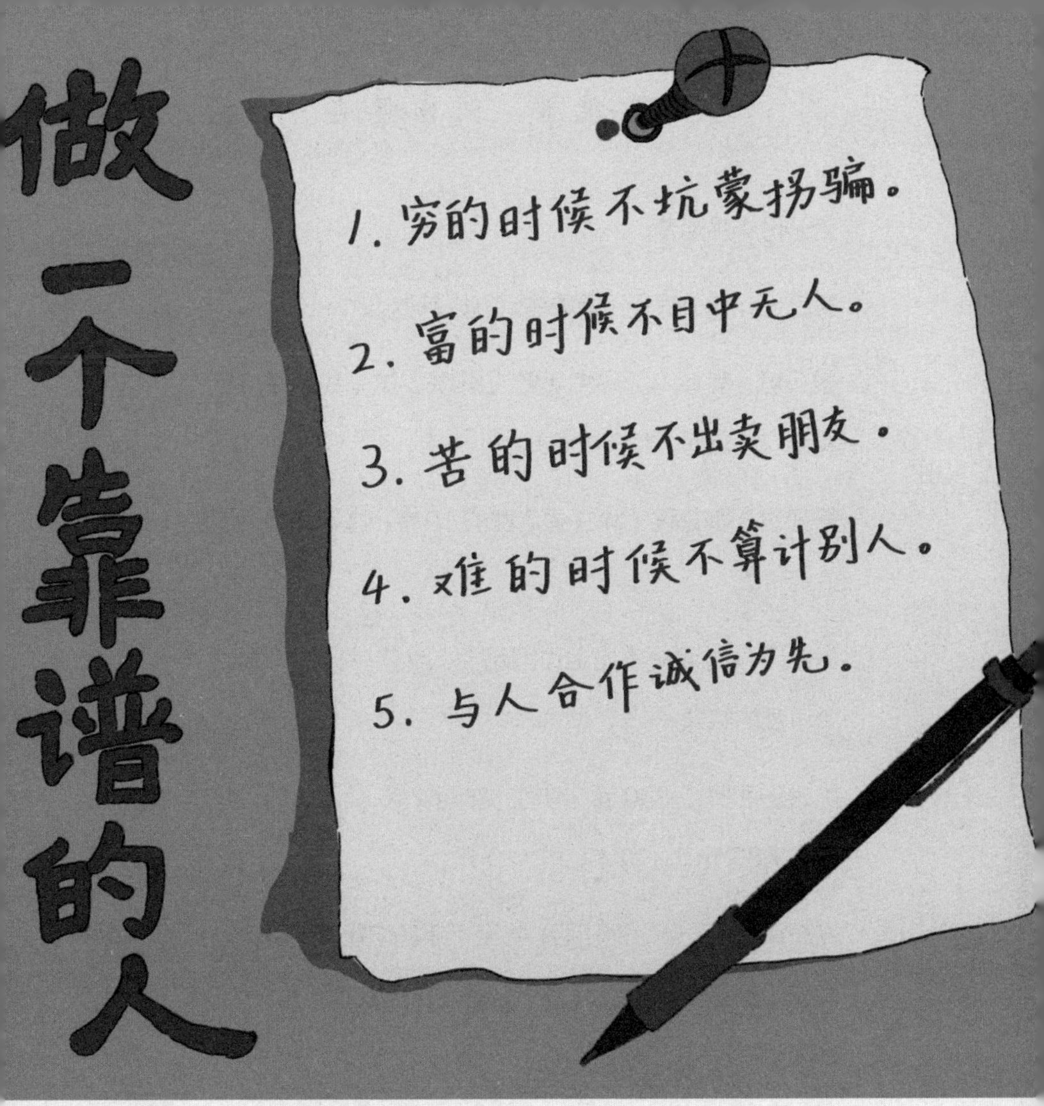

做一个靠谱的人

做一个靠谱的人是对自己最大的奖赏。

第一份：生活费；

第二份：存入银行（除去生活费以后的 50%）；

第三份：其他（除去生活费的 40%，这笔钱用来旅行、买喜欢的东西、给父母买礼物……）；

第四份：零花钱（除去生活费的 10%，这笔钱用来享受生活）。

做一个理财清单（如上页图示），半年后，你将看到一个可观的结果。

除去生活费 1 800 元，你存入银行 2 100 元，拥有梦想金 1 680 元，还有零花钱 420 元。

同理算一算一年、两年后，甚至十年后你能存下多少钱，而以上的清单，仅仅只是半年里按每月获得 1 000 元统计的结果。

如果你每月收入 5 000 元、10 000 元甚至更多，那么在不久以后，你也许能成为一个百万富翁了。当然，你还可以根据实际情况来调整各项的比例。

爱你的国家

亲爱的孩子，你要爱你的国家，成为一个为国家奉献的人，尽可能做一些对国家和社会有用的事，如果不能，至少要做一个遵纪守法的好公民。

读一读各种法律

有一天，你需要签一份合同，你担心合同里有些条款会让公司利益受损，为此你感到很苦恼。

那么有空的时候，就多读一读与法律相关的书籍吧，自己懂总比别人懂要好很多。

CHAPTER10

人生很长

10 是否遇见对的人

你慢慢

走

如果麻烦多于快乐

幸运的是，你在合适的年龄遇见喜欢的人，和她在一起，你感觉世界是彩色的，你们一起吃饭，一起逛街，一起旅行，你们形影不离，你沉浸在甜蜜的幸福中无法自拔。

一根被掏空的木头

后来，你渐渐发现，和她相处的过程中，烦恼多于快乐，你们的想法有 80% 不一样，和她在一起，你想逃离，但又难以割舍。

不管是谁先提出来的，最终你们选择了分开，你走在大街上，像是一根被掏空了的木头，心情糟透了。

寻找伴侣的过程就像坐上列车去旅行，你不知道在这场旅途中，有多少人会和你坐上同一列车，共度一段美好的时光；有多少人中途下车，你甚至不知道最后会遇见怎样的一个人，陪你一起到达旅途的终点站。

孩子，往前看，别回头，你要相信前面会有更好的风景等待着你。

远离酒精

你很难过，我能理解你此刻的心情，因为我年轻的时候也失恋过。即便是这样，也不要随意摄取酒精或者其他药品伤害自己，你的身体不仅仅是你自己的，也是我的，你是我一生中最爱的人，也是最重要的人，所以你要好好照顾自己。

人生的道路并非一帆风顺，不管遇到多大的困难，你都要健康快乐地陪我一起好好活着。

找一个人聊聊

找一个朋友聊聊，只要你一通电话，相信他会立刻出现在你面前，庆幸你能有这样一个耐心听你倾诉的朋友，带他去你最喜欢去的那家咖啡馆吧！点几份你们最爱吃的小吃，喝一杯咖啡。聊一聊关于失恋的话题，分享最近发生的一些事情，或聊一聊分手之后的感受，也可以告诉他，以前那些令你无法接受的事情，他会理解你，和你站在同一战线上；或者什么也别说，就这样静静地让朋友待在你身边就好。

无论是现在还是以后，很多事情你都不用一个人撑着了。真为你感到开心，你能有这样一位朋友。

咖啡
今日特价
拿铁
25元

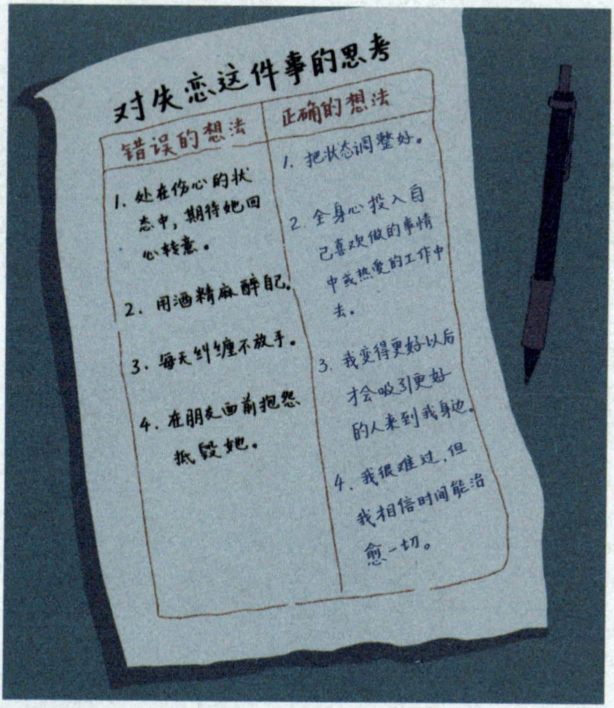

关于失恋的思考

理智地思考一下失恋这件事。

用一张白纸，绘制一个两列的表格，表头写“对失恋这件事的思考”，左边一列写“错误的想法”，右边一列写“正确的想法”。

写好之后，你就明白下一步你该怎么往下走了。

生活的目标是快乐

孩子，无论单身、恋爱，还是失恋，你都要明白，生活的目标不是爱情，而是快乐。

是否遇见对的人

当你遇到挫折时，她会耐心地听你倾诉，她是你的朋友，也是你的伴侣；失败的时候她会鼓励你，和她在一起你的内心很安定；你做决定时，她会给你正确的建议，做决定之后，她一如既往地支持你，还会时不时赞美和崇拜你。

有一天，你们突发奇想来一场说走就走的旅行，而这也是一趟幸福之旅。

她的家人非常喜欢你，你的家人也非常喜欢她，如果是这样，不要犹豫，好好把握你的幸福吧！

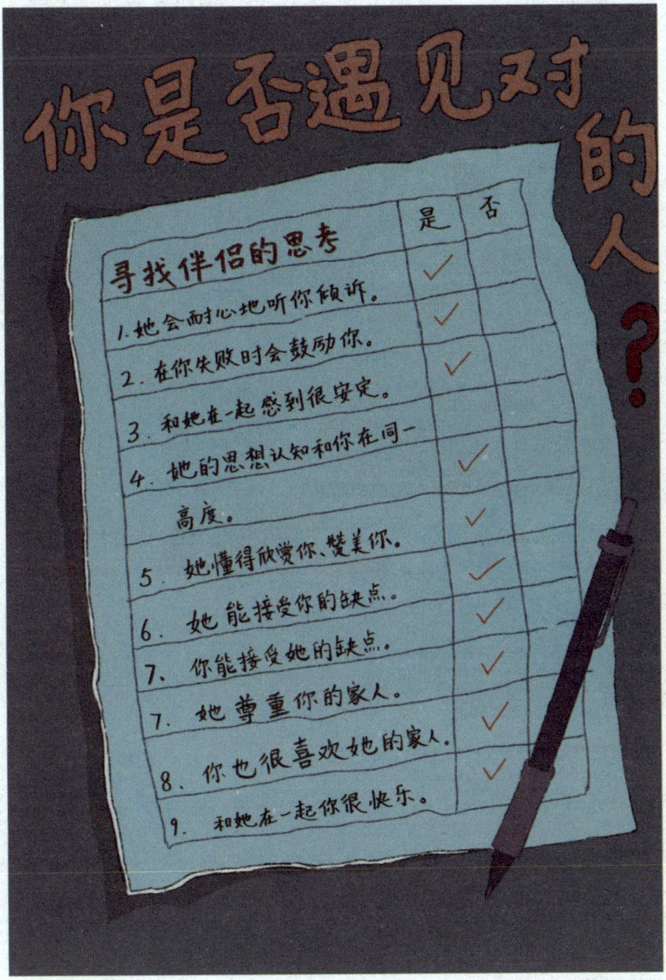
你是否遇见对的人？
寻找伴侣的思考
是
否
1.她会耐心地听你倾诉。
2.在你失败时会鼓励你。
3.和她在一起感到很安定。
4.她的思想认知和你在同一高度。
5.她懂得欣赏你、赞美你。
6.她能接受你的缺点。
7.你能接受她的缺点。
7.她尊重你的家人。
8.你也很喜欢她的家人。
9.和她在一起你很快乐。

一起生活吧

你找到了你的另一半，从今天起，你将从一个男孩升级成为一个有责任感的男人，今后不管遇到什么困难，你都要爱你的家、爱你的妻子、爱你的孩子。

人生很长你慢慢走

CHAPTER11

11 婚姻也需要学习

你准备好了吗

你准备好了吗？不久，将有一个小精灵加入你们的二人世界。

他的到来，会让你成为世界上最幸福快乐的人。

每晚都不能好好睡觉

新生儿也带来了很多麻烦，从他出生开始，你可能每晚都不能好好睡觉，还得花一大笔钱在尿布、奶粉、童椅、童鞋等宝宝用品上。

除了工作，你需要用下班以后的大部分时间来照顾他，

你带他去婴儿游泳馆游泳，你希望他健康快乐地成长。

生病时，你得带他去医院看病，即便是在凌晨 4 点。

你还需要帮他洗澡，换尿布。

除了日复一日，年复一年地开车接送他上下学，辅导作业，

你们也许会被气得吹胡子瞪眼睛，血压升高。

如果你都准备好了，那么可以迎接孩子来到你的小家庭了。

当然，我和你爸爸也经历了养育你的过程，你的到来，

并没有让我们感觉很辛苦，相反很幸福。

和你想的不一样

你和她结婚三年后，你们因为一些琐碎的小事经常吵架，屋里一片狼藉，她生气地摔门而去，家里只剩下郁闷的你和那只白猫。你问自己，这是我想要的幸福吗？

宁愿待在车里，也不愿回家

你开始很晚才回家，你担心提前回家了，等待着你的又是一场无休止的争吵。

她是我要找的那个人吗

现在是凌晨 2 点，你的脑袋里充满了疑问：她好像不是我要找的那个人？恋爱和婚姻怎会有这么大的差别？

你想给我打电话，说说你最近的苦闷，但你不愿意把不开心的事情讲给我听，你不想让我为你担心。如果我在你身边的话，我会对你说："孩子，用不用我给你煮一碗面条，或者给你切一盘水果。"

但我更愿意接到你打来的电话，不管是白天还是深夜。

孩子，不要难过，也不要迷茫，其实恋爱与婚姻是两种完全不同的体验。恋爱的关系通常是比较自由的，没有太多的束缚，双方可以自由选择是否继续这段关系。

而婚姻则是一种有法律约束力的关系。婚姻是建立在恋爱关系的基础上，但它不仅仅是两个人的事情，还涉及家庭、社会、法律等多方面的关系，需要你们承担起家庭的责任和义务。

从你与心爱的她走进婚姻生活以后，你就彻底变成一个顶天立地的男子汉了，你需要爱护好你的妻子，保护好你的孩子，成为一个有责任感的人。你还要记住每一个有意义的节日，仪式感会成为你们婚姻生活的保鲜剂。

你可能会说，现在彼此见面都会烦，哪还有心情做这些啊！孩子，你别着急，慢慢来。

你和心爱的她会经历婚姻中的六个时期，当然，我和你爸爸的婚姻生活也经历了同样六个时期。或许你脑袋中产生了一个疑问：婚姻生活还要经历六个时期？你有这样的疑问很正常，因为从小到大，教科书里也没有关于婚姻这堂课的知识，学校的老师也没和你讲过这堂课。孩子，你一定很好奇婚姻生活要经历哪六个时期吧？

婚姻的这六个时期

第一个时期叫作“优点展示期”，你们刚刚走入婚姻生活，生活因此变成了甜甜圈的味道，你们被幸福包围着，并将自己的优点展示在对方面前，这段时间为 1 ~ 2 年。在这段时间里，你和她的爱情成为生活最重要的部分，一般在这个时期你的婚姻生活是很稳定的。

第二个时期叫作“暴露缺点期”，看这个名字，你就知道这个时期，你们的缺点将会全部暴露在对方的面前，你们可能会为了谁洗碗、谁打扫卫生而争执不休。在你们的婚姻生活中，这个时期非常重要，需要互相理解，互相体谅，站在对方的角度考虑问题。这样，你的婚姻将更加牢固，这个时期最怕的就是你们想用各种方式去改变对方。

第三个时期是“迷茫期”，这个时期将出现在你的婚姻第 3 ~ 10 年。我想这时，你的孩子已经出生了，你的小家突然多了一个孩子，打乱了你们的生活秩序：你们经常吵架，忙碌了一整天的你已经疲惫不堪，来到家门口，迟迟不愿意走进家门，你害怕和她见面就开始吵架，你甚至觉得当初娶她是一个错误的决定。

此时的你们，就处在这个阶段。

孩子，我明白这时的你很难过，你知道吗，你曾经最爱的她，此刻或许就在等你回家。这时，你只需要推开家门，给她一个大大的拥抱，轻声地在她耳边说：“亲爱的，辛苦你了，我爱你！”你们的矛盾也许就这么轻而易举地化解了。

第四个时期是“融合期”，你们彼此都会为家庭的幸福不懈努力，而事业也会很平稳，这个时期一般在你和她结婚 10 年以后。

第五个时期是“平静期”，这个时候，你们的孩子慢慢长大了，家庭的基础很稳定，你和她的爱情开始转化为亲情，彼此之间会多一些理解和谦让，少了很多争吵，而这个时候你们已经共同走过了 15 年的岁月。我和你爸爸现在就处在这个时期。

第六个时期是“相濡以沫期”，这个时期出现在你和她结婚 25 年后。这个时期你们学会了一起去面对困难，互相支持，互相理解，互相关心，换来了相濡以沫般的幸福，这个时期相信你们彼此已经完全地了解对方。

听我说完，你的心里应该豁然多了吧！

婚姻也需要学习

你可以去图书馆，看一看相关的书籍，从书中你能找到解决眼前问题的方法。

你可以看看：克里斯多福·孟的《亲密关系》、约翰·戈特曼的《幸福的婚姻》《爱的博弈》、卡伦·霍妮的《婚姻心理学》，这些都是很不错的书，我相信看完后，你一定会收获很多。

我想，你一定有办法让心爱的她也和你一起学习，这样你们才能共同成长。

你们的关系好了，孩子们才会有幸福感，看到你们互相尊重和支持，孩子们将从你们身上学会如何与他人相处。孩子们感受到爱和关心，这有助于他们建立自尊和自信。世界上最好的教育，就是爸爸和妈妈的爱。

不要停滞不前

无论你多大年龄，都不要停滞不前，不管工作还是生活。只要不停去做自己热爱的事情，不停学习，那么，你生活的每一天都会很有乐趣。

谢谢你，选择了我成为你的妈妈

世界上有这么多人，谢谢你选择了我成为你的妈妈。你教会了我怎么做一个妈妈，你让我感受到爱与被爱的幸福体验。谢谢你，即便我做了很多令你感到难过的事情，你还是一如既往地爱着我。

人生很长

CHAPTER12

12 那些爱与被爱的记忆

你慢慢

走

那些爱与被爱的记忆

我睡觉时，你会把窗帘拉好，轻手轻脚地走出房间，把门轻轻关上。

妈妈做家务时，不小心把手弄伤了，看到我的手指鲜血直流，你慌忙地从抽屉中找出创可贴，撅着嘴一边吹着我的伤口一边说：“下次小心一些，包扎好了就不疼了。”

记得那天晚上，我加班到十点才回家，刚进门看见你还没睡觉，我问:“你这几天都在发烧，为什么不早点睡觉？”坐在客厅的爷爷接过话:“他说要等你回家以后才睡觉。”你抬起头，用通红的眼睛看着我说:“对呀！我要等你回来，我们昨天约定好了，今天你回来后我给你洗脚，如果我睡着了怎么帮你洗脚呢？”

在逛超市回家的路上，你抢过我手中的购物袋，一边拖着往家的方向走，一边说：“我是男子汉，我要保护妈妈！”

你悄悄记住了我最爱吃的菜，吃饭时，把我最爱吃的菜推到我碗边，你用你的方式爱着我。

一个下雨的夜里，我的心灵生病了，悄悄地离开了家。

你和爸爸开着车到处找我，却没有我的任何消息，我想你那时一定很着急，也很难过。

我不在家的日子，爸爸带你去游泳，忘记给你涂防晒霜了。

除了穿游泳裤的地方，你的皮肤全晒黑了，又痒又疼。

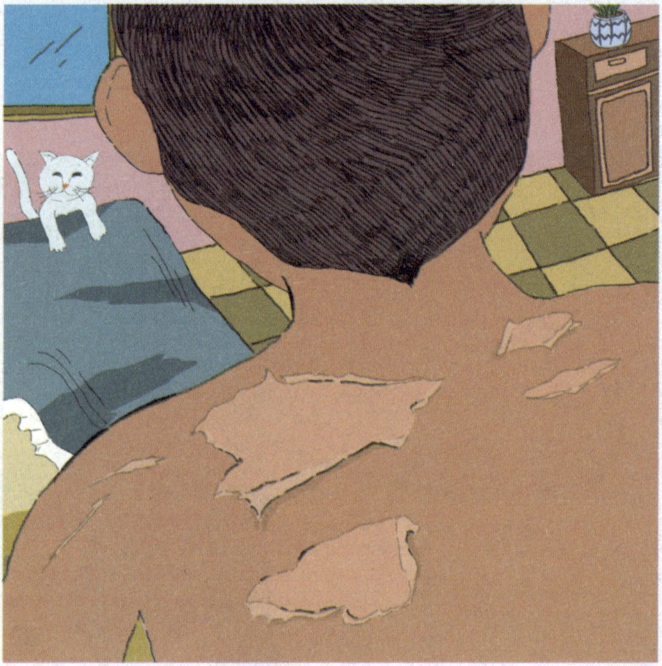

几天以后，你始脱皮。我知道你此刻一定在想，如果我在身边抱抱你，给你涂药该多好。

假期，爸爸帮你报名参加了为期 14 天的士兵训练营，要去离家 100 多千米的大山上吃、住、训练。

粗心的爸爸，忘记给你带洗脸毛巾、换洗的袜子和拖鞋。

洗脸的时候，你只能用手捧起水，轻轻拍在脸上。

用袖口将脸上的水擦干。

把脱下来的袜子洗一洗晾起来，幸运的话，第二天能够穿着晾干的袜子去参加训练，如果碰到阴雨天，第二天你只能穿湿袜子去参加训练了。

洗完脚，重新穿上那双白天训练时在大雨中湿透了的鞋。

你想，如果我在家的话，一定会帮你准备好洗脸毛巾，换洗的袜子和拖鞋。

每晚，在训练营的你都会做一个梦，梦里是你和我相聚的时刻。醒来后，却发现只是一个梦，想念的泪水打湿了枕头。

训练营结束了，你回到家，只要听见钥匙开门的声音，你都以为是我回来了。

开心地跑到门口，准备给我一个大大的拥抱。门开了，却发现是爸爸下班回家。

你又一次失望地回到自己的房间。

妈妈，你在哪儿？我想你了！

凌晨 1 点，我用钥匙打开家门，这时你已经睡着了。

我轻轻打开你房间的门。

你突然从床上翻爬起来，开心地大喊着："妈妈，你回来了，真的是你吗？"你掐了自己的脸一下，满脸兴奋地看着我说："我不是在做梦，真的是妈妈回来了。"然后跑过来给了我一个大大的拥抱，我想，这个时刻，你已经等了好久了吧！

看着你被晒黑还在脱皮的小小身躯，我的眼泪不听使唤地往下流，自责为什么要离开你去很远的地方。

孩子，你知道吗？不管在哪一个城市，我都无时无刻不在想念你。对不起，亲爱的儿子，我第一次做妈妈，做得并不好，但是，我会努力学习做个好妈妈。

我把我们爱与被爱的故事画成了这部绘本送给你，这部绘本并不能证明我就是一个好妈妈，但我一直在学习成长的路上。

追寻属于你的人生

亲爱的儿子，你渐渐地长大，我们会慢慢地变老，终有一天，你需要独立去面对世界，努力去追寻属于你的人生！

某一天你打开这部绘本，却在里面找不到你要的答案了，你不用着急，去附近的书店或者图书馆吧！在那儿一定有你要找的答案。

你的人生有无限的可能

当然，也可能你并不需要这部绘本，其实你早就已经能够独立地面对这个世界了。真为你感到高兴，亲爱的儿子，世界很美好，而你的人生有无限的可能……

西离老师
乐宝
感谢亲爱的西离老师，有了西离老师的策划和帮助，《人生很长，你慢慢走》才得以成功出版。
感谢我可爱的儿子，因为你的存在，《人生很长，你慢慢走》才能被创作出来。

致谢

本书能顺利出版，非常感谢出版社老师的大力支持；特别感谢西离老师的精心策划、用心设计，才让绘本得以完美呈现；同时感谢我可爱的儿子，你是我最重要的人，也是绘本里的主角，愿你和全天下所有的孩子快乐健康长大。